AF188434

Impressum
Verlag: BABADADA GmbH, Nedderfeld 112 , 22529 Hamburg
Geschäftsführer / Verlagsleitung: Harald Hof
Druck: Books on Demand GmbH, In de Tarpen 42, 22848 Norderstedt

Imprint
Publisher: BABADADA GmbH, Nedderfeld 112 , 22529 Hamburg, Germany
Managing Director / Publishing direction: Harald Hof
Print: Books on Demand GmbH, In de Tarpen 42, 22848 Norderstedt, Germany

Šola

escuela

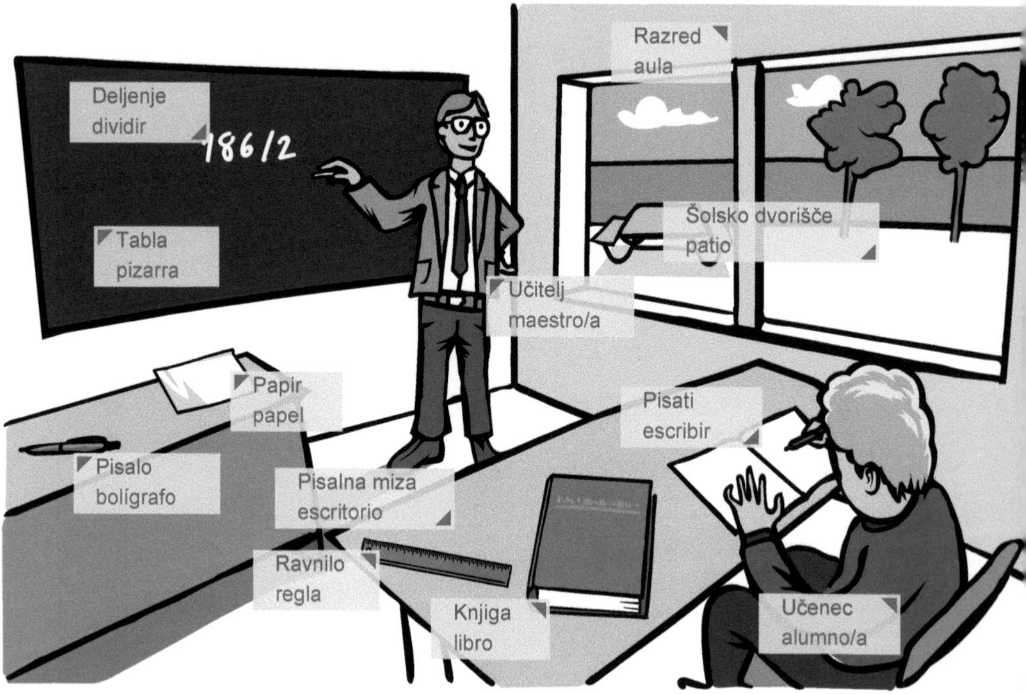
Razred
aula
Deljenje
dividir
186/2
Tabla
pizarra
Šolsko dvorišče
patio
Učitelj
maestro/a
Papir
papel
Pisati
escribir
Pisalo
bolígrafo
Pisalna miza
escritorio
Ravnilo
regla
Knjiga
libro
Učenec
alumno/a

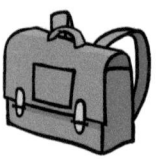

Šolska torba

cartera

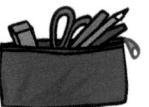

Peresnica

caja de lápices

Svinčnik

lápiz

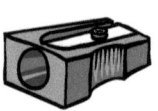

Šilček

sacapuntas

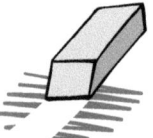

Radirka

goma de borrar

Risalni blok

cuaderno de dibujo

Risba

dibujo

Čopič

pincel

Vodene barvice

caja de pinturas

Škarje

tijeras

Lepilo

pegamento

Zvezek

cuaderno de ejercicios

Domača naloga

deberes

Število

número

Seštevanje

sumar

Odštevanje

restar

Množenje

multiplicar

Računanje

calcular

Črka

letra

Abeceda

alfabeto

Beseda

palabra

Besedilo

texto

Brati

leer

Kreda

tiza

Učna ura

lección

Redovalnica

cuaderno de notas

Preizkus znanja

examen

Spričevalo

certificado

Šolska uniforma

uniforme escolar

Izobrazba

educación

Enciklopedija

enciclopedia

Univerza

universidad

Mikroskop

microscopio

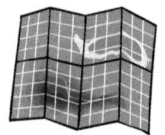

Zemljevid

mapa

Koš za smeti

papelera

Potovanje
viaje

Hotel
hotel
Grand
Hostel
albergue
ROOMS
Menjalnica
oficina de cambio de divisas
CHANGE
Kovček
maleta
Avtomobil
coche

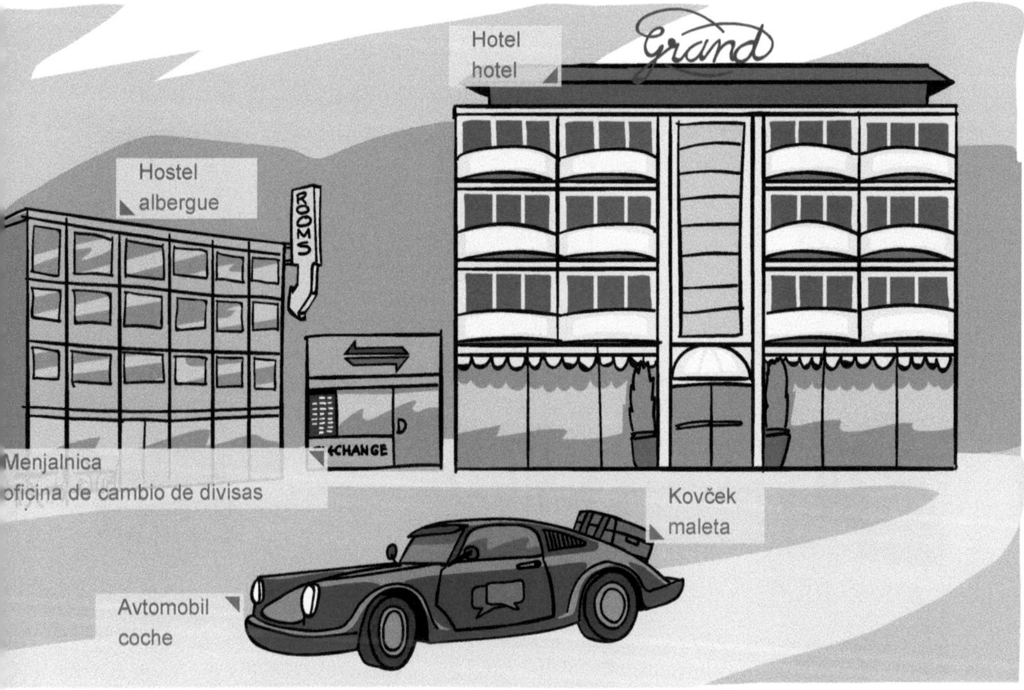

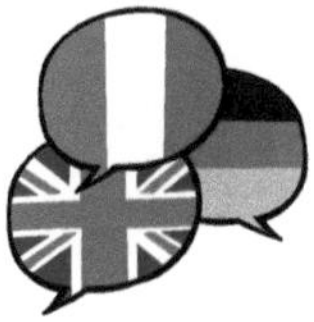

Jezik

idioma

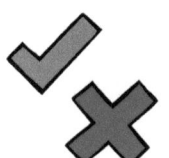

da / ne

sí / no

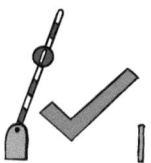

Prav

Vale

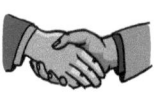

Pozdravljeni

hola

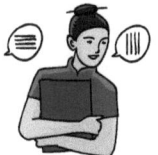

Prevajalec

traductor

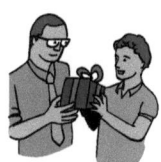

Hvala

Gracias

Koliko stane…?

¿cuánto es…?

Ne razumem

No entiendo

Težava

problema

Dober večer!

¡Buenas tardes!

Dobro jutro!

¡Buenos días!

Lahko noč!

¡Buenas noches!

Nasvidenje

adiós

Smer

dirección

Prtljaga

equipaje

Torba

bolsa

Nahrbtnik

mochila

Gost

invitado

Soba

habitación

Spalna vreča

saco de dormir

Šotor

tienda de campaña

Turistične informacije

información turística

Plaža

playa

Kreditna kartica

tarjeta de crédito

Zajtrk

desayuno

Kosilo

almuerzo

Večerja

cena

Vozovnica

billete

Dvigalo

ascensor

Znamka

sello

Meja

frontera

Carina

aduana

Veleposlaništvo

embajada

Vizum

visa

Potni list

pasaporte

Prevoz

transporte

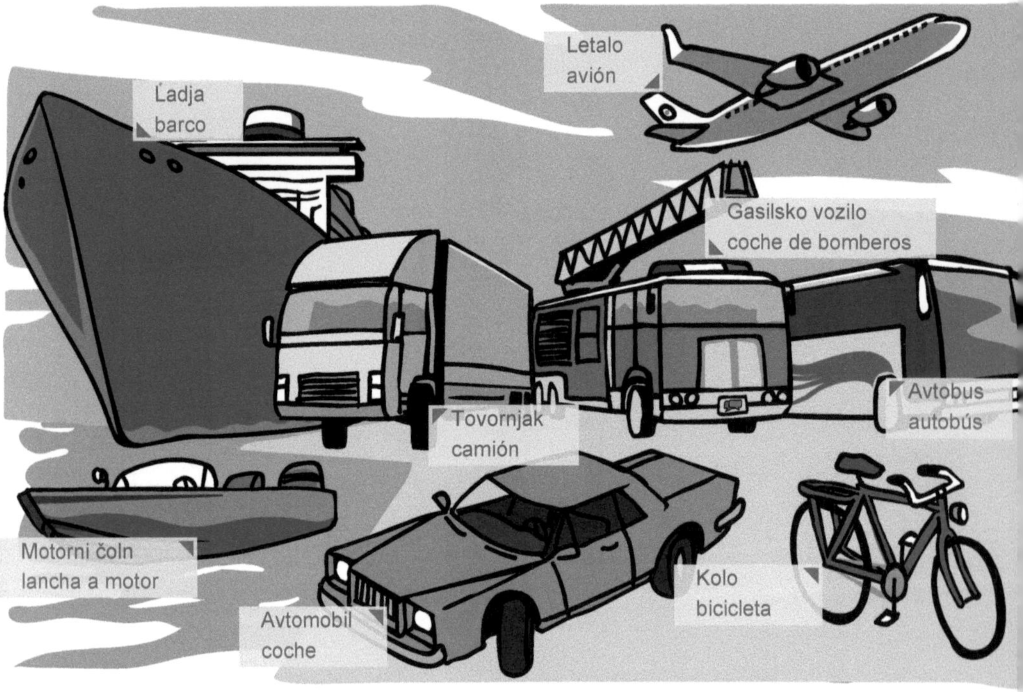

Letalo
avión
Ladja
barco
Gasilsko vozilo
coche de bomberos
Avtobus
autobús
Tovornjak
camión
Motorni čoln
lancha a motor
Kolo
bicicleta
Avtomobil
coche

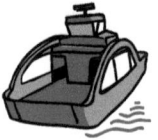

Trajekt

transbordador

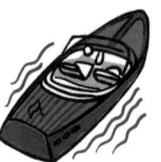

Čoln

barca

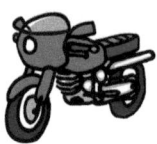

Motorno kolo

moto

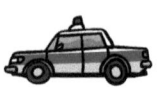

Policijski avto

coche de policía

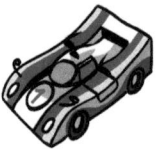

Dirkalni avto

coche de carreras

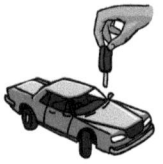

Najeto vozilo

coche de alquiler

Souporaba avtomobila

préstamo de vehículos

Avtovleka

grúa

Smetarsko vozilo

camión de la basura

Motor

motor

Gorivo

gasolina

Bencinska postaja

gasolinera

Prometni znak

señal de tráfico

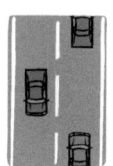

Promet

tráfico

Zastoj

atasco

Parkirišče

aparcamiento

Železniška postaja

estación de tren

Tirnice

vías

Vlak

tren

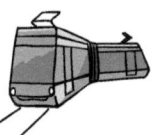

Tramvaj

tranvía

Vagon

vagón

Helikopter

helicóptero

Letališče

aeropuerto

Stolp

torre

Potnik

pasajero

Kontejner

contenedor

Karton

caja de cartón

Voziček

carretilla

Košara

cesta

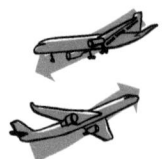

vzleteti / pristati

despegar / aterrizar

Mesto
ciudad

Vas

pueblo

Mestno jedro

centro de ciudad

Hiša

casa

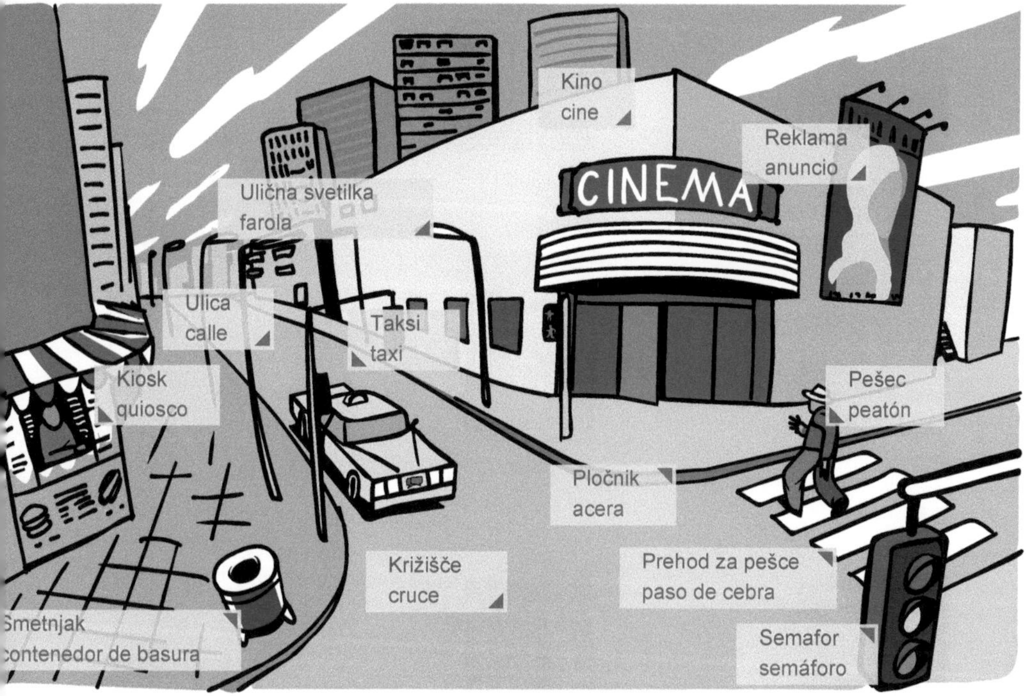

Kino
cine

Reklama
anuncio

Ulična svetilka
farola

CINEMA

Ulica
calle

Taksi
taxi

Kiosk
quiosco

Pešec
peatón

Pločnik
acera

Križišče
cruce

Prehod za pešce
paso de cebra

Smetnjak
contenedor de basura

Semafor
semáforo

Koča

cabaña

Stanovanje

apartamento

Železniška postaja

estación de tren

Mestna hiša

ayuntamiento

Muzej

museo

Šola

escuela

Mesto - ciudad

Univerza

universidad

Banka

banco

Bolnišnica

hospital

Hotel

hotel

Lekarna

farmacia

Pisarna

oficina

Knjigarna

librería

Trgovina

tienda

Cvetličarna

floristería

Supermarket

supermercado

Tržnica

mercado

Veleblagovnica

grandes almacenes

Ribarnica

pescadería

Nakupovalno središče

centro comercial

Pristanišče

puerto

Park

parque

Klop

banco

Most

puente

Stopnice

escaleras

Podzemna železnica

metro

Predor

túnel

Avtobusno postajališče

parada de autobús

Bar

bar

Restavracija

restaurante

Poštni nabiralnik

buzón

Ulična tabla

poste indicador

Parkirna ura

parquímetro

Živalski vrt

zoo

Kopališče

piscina

Mošeja

mezquita

Kmetija
granja

Onesnaževanje
contaminación

Pokopališče
cementerio

Cerkev
iglesia

Otroško igrišče
patio de juego

Tempelj
templo

Pokrajina
paisaje

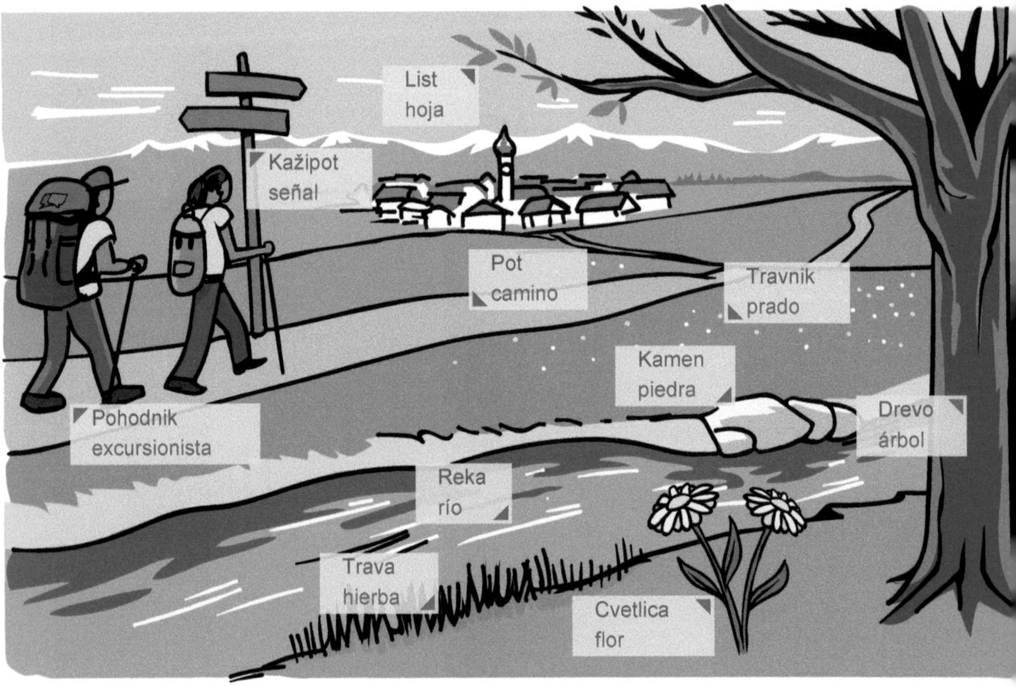

List
hoja

Kažipot
señal

Pot
camino

Travnik
prado

Kamen
piedra

Pohodnik
excursionista

Drevo
árbol

Reka
río

Trava
hierba

Cvetlica
flor

Dolina	**Hrib**	**Jezero**
valle	colina	lago
	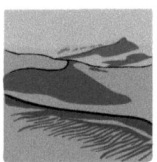	
Gozd	**Puščava**	**Vulkan**
bosque	desierto	volcán

Grad	**Mavrica**	**Goba**
castillo	arcoíris	champiñón

Palma	**Komar**	**Muha**
palmera	mosquito	mosca

Mravlja	**Čebela**	**Pajek**
hormiga	abeja	araña

Hrošč

escarabajo

Žaba

rana

Veverica

ardilla

Jež

erizo

Zajec

liebre

Sova

lechuza

Ptič

pájaro

Labod

cisne

Divji prašič

jabalí

Jelen

ciervo

Los

alce

Jez

presa

Vetrnica

turbina eólica

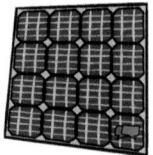

Solarna plošča

panel solar

Podnebje

clima

Restavracija
restaurante

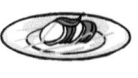

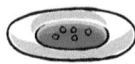

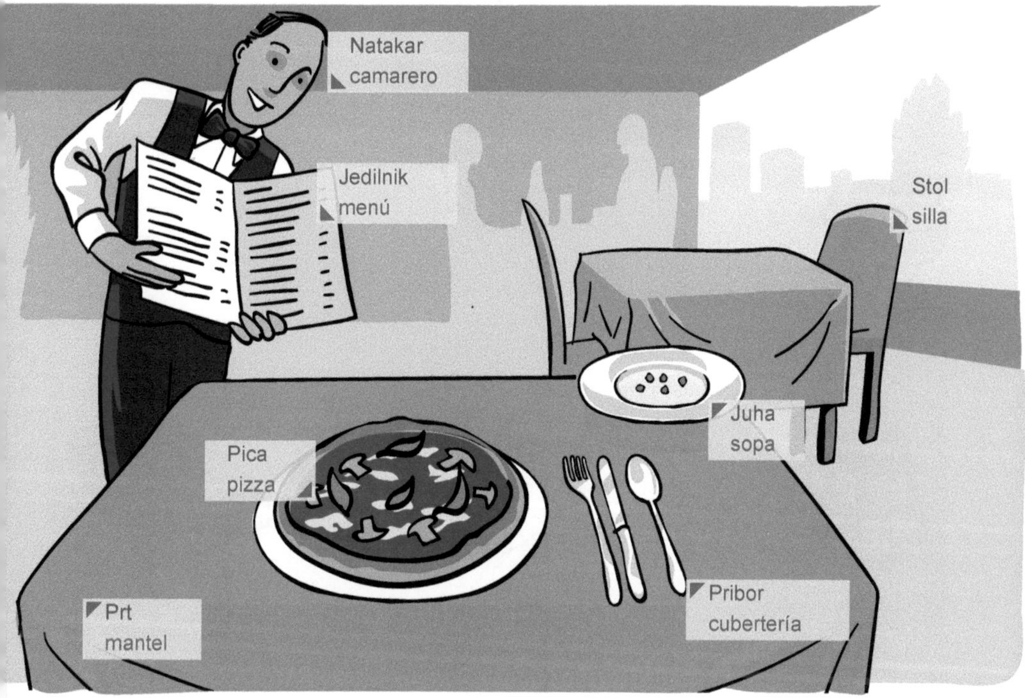

Natakar
camarero
Jedilnik
menú
Stol
silla
Juha
sopa
Pica
pizza
Pribor
cubertería
Prt
mantel

Predjed

primer plato

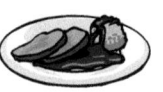

Glavna jed

plato principal

Sladica

postre

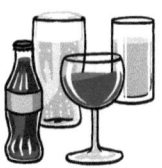

Pijače

bebidas

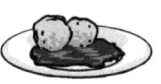

Hrana

comida

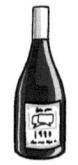

Steklenica

botella

Hitra hrana

comida rápida

Ulična hrana

comida callejera

Čajnik

tetera

Sladkornica

azucarero

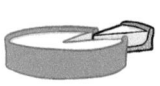

Porcija

porción

Aparat za espresso

cafetera expreso

Stolček za hranjenje

trona

Račun

cuenta

Pladenj

bandeja

Nož

cuchillo

Vilica

tenedor

Žlica

cuchara

Čajna žlička

cucharilla

Servieta

servilleta

Kozarec

vaso

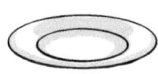

Krožnik

plato

Globoki krožnik

plato hondo

Krožniček

platillo

Omaka

salsa

Solnica

salero

Mlinček za poper

molinillo de pimienta

Kis

vinagre

Olje

aceite

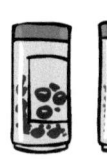

Začimbe

especias

Kečap

ketchup

Gorčica

mostaza

Majoneza

mayonesa

Supermarket
supermercado

Posebna ponudba
oferta especial
FOR
Stranka
cliente
Mlečni izdelki
lácteos
Sadje
fruta
Nakupovalni voziček
carro de la compra

BUTCHERS

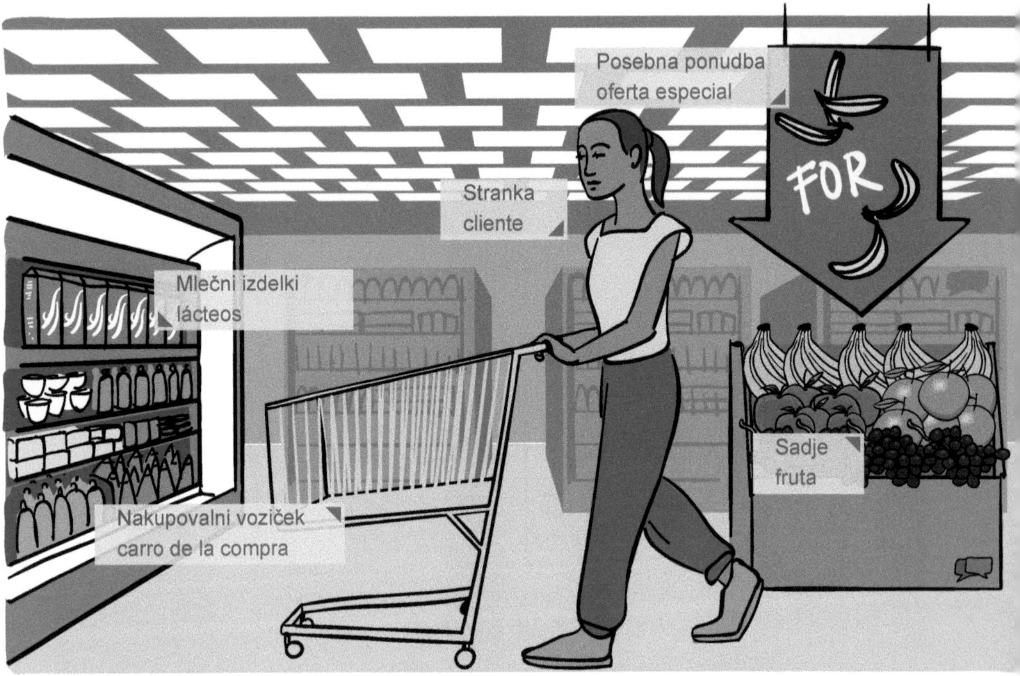

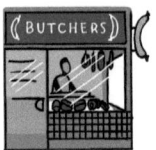

Mesnica

carnicería

BAKERY

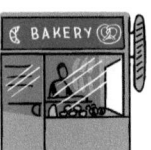

Pekarna

panadería

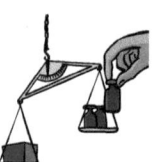

Tehtati

pesar

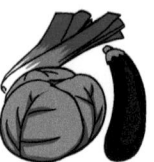

Zelenjava

verduras

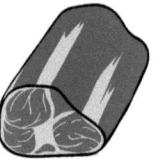

Meso

carne

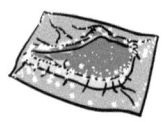

Zamrznjena hrana

alimentos congelados

Hladne mesnine

fiambres

Konzerve

conservas

Pralni prašek

detergente en polvo

Sladkarije

dulces

Gospodinjski izdelki

productos de uso doméstico

Čistilno sredstvo

productos de limpieza

Prodajalka

vendedora

Blagajna

caja

Blagajnik

cajero

Nakupovalni seznam

lista de la compra

Delovni čas

horario de atención al público

Denarnica

cartera

Kreditna kartica

tarjeta de crédito

Torba

bolsa

Plastična vrečka

bolsa de plástico

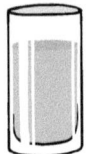

Voda

agua

Sok

zumo

Mleko

leche

Kola

cola

Vino

vino

Pivo

cerveza

Alkohol

alcohol

Kakav

cacao

Čaj

té

Kava

café

Espresso

expreso

Kapučino

capuchino

Banana

plátano

Jabolko

manzana

Pomaranča

naranja

Lubenica

melón

Limona

limón

Korenje

zanahoria

Česen

ajo

Bambus

bambú

Čebula

cebolla

Goba

champiñón

Oreščki

avellanas

Rezanci

fideos

Špageti

espagueti

Riž

arroz

Solata

ensalada

Ocvrt krompirček

patatas fritas

Pečen krompir

patatas fritas

Pica

pizza

Hamburger

hamburguesa

Sendvič

sándwich

Zrezek

filete

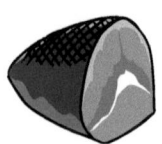

Šunka

jamón

Salama

salami

Klobasa

salchicha

Piščanec

pollo

Pečenka

asado

Riba

pescado

Ovseni kosmiči

copos de avena

Musli

muesli

Koruzni kosmiči

copos de maíz

Moka

harina

Rogljiček

cruasán

Žemlja

panecillo

Kruh

pan

Prepečenec

tostada

Piškoti

galletas

Maslo

mantequilla

Skuta

cuajada

Torta

pastel

Jajce

huevo

Pečeno jajce na oko

huevo frito

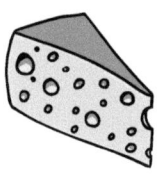

Sir

queso

Sladoled

helado

Sladkor

azúcar

Med

miel

Marmelada

mermelada

Čokoladni namaz

crema de turrón

Kari

curry

Kmetija
granja

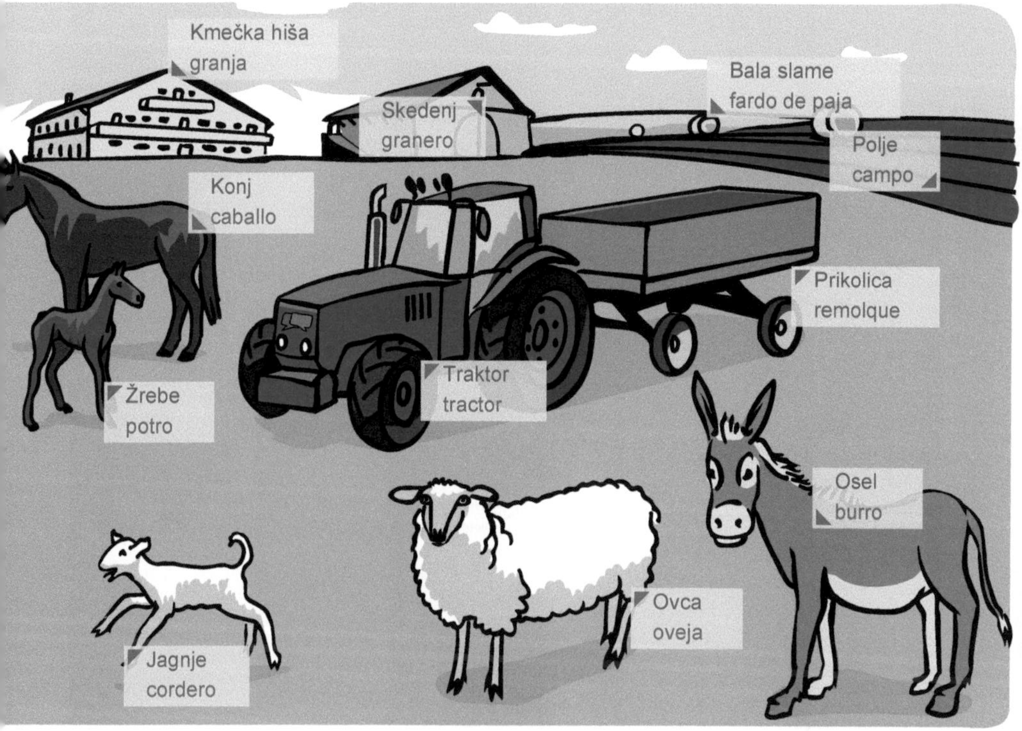
Kmečka hiša
granja
Skedenj
granero
Bala slame
fardo de paja
Polje
campo
Konj
caballo
Prikolica
remolque
Traktor
tractor
Žrebe
potro
Osel
burro
Ovca
oveja
Jagnje
cordero

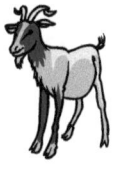

Koza

cabra

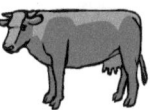

Krava

vaca

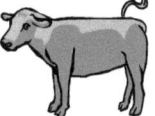

Tele

ternero

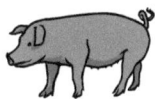

Prašič

cerdo

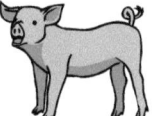

Pujsek

cerdito

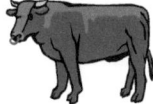

Bik

toro

Gos

ganso

Raca

pato

Piščanec

pollo

Kokoš

gallina

Petelin

gallo

Podgana

rata

Mačka

gato

Miš

ratón

Vol

buey

Pes

perro

Pasja uta

perrera

Cev za zalivanje

manguera

Kangla za zalivanje

regadera

Kosa

guadaña

Plug

arado

Srp

hoz

Motika

azada

Vile

horca

Sekira

hacha

Samokolnica

carretilla

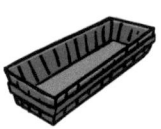

Korito

abrevadero

Kangla za mleko

lechera

Vreča

saco

Ograja

valla

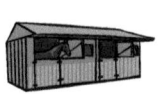

Hlev

establo

Rastlinjak

invernadero

Prst

suelo

Seme

semilla

Gnojilo

fertilizador

Kombajn

cosechadora

Žeti

cosechar

Žetev

cosecha

Jam

ñame

Pšenica

trigo

Soja

soja

Krompir

patata

Koruza

maíz

Oljna ogrščica

semilla de colza

Sadno drevo

árbol frutal

Maniok

mandioca

Žito

cereales

Kmetija - granja

Hiša
casa

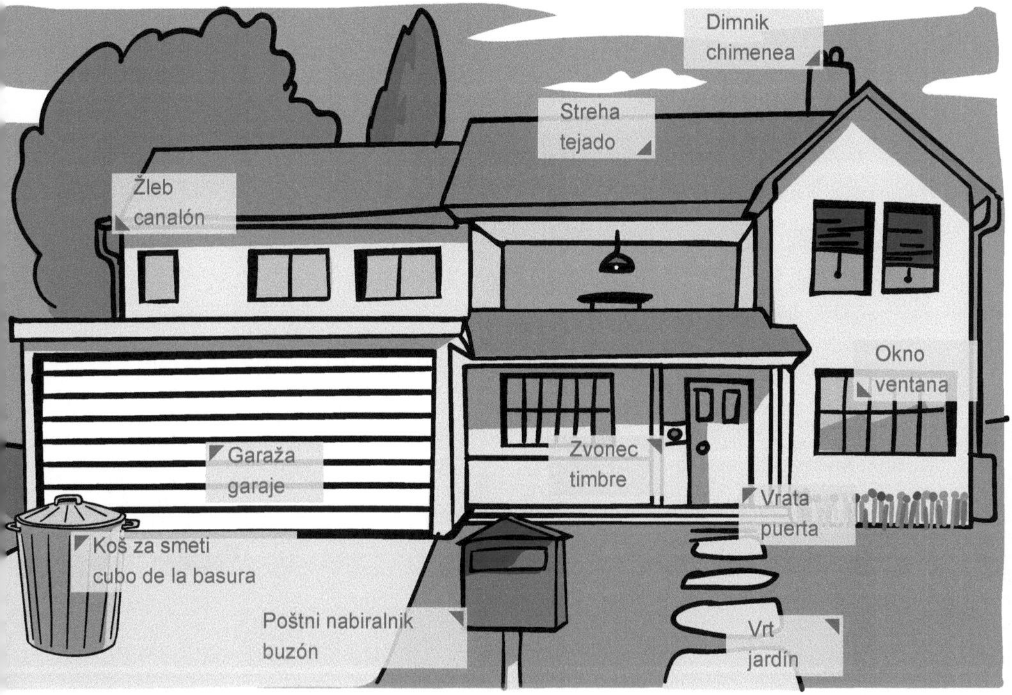
Dimnik
chimenea
Streha
tejado
Žleb
canalón
Okno
ventana
Garaža
garaje
Zvonec
timbre
Vrata
puerta
Koš za smeti
cubo de la basura
Poštni nabiralnik
buzón
Vrt
jardín

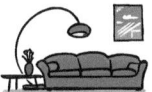

Dnevna soba

sala

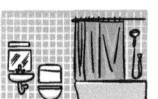

Kopalnica

cuarto de baño

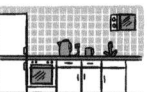

Kuhinja

cocina

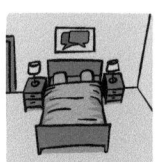

Spalnica

dormitorio

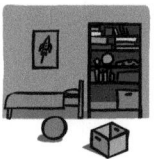

Otroška soba

habitación de los niños

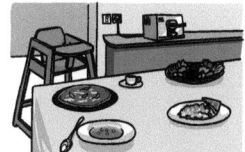

Jedilnica

comedor

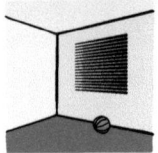

Tla

suelo

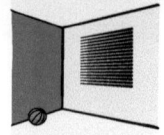

Stena

pared

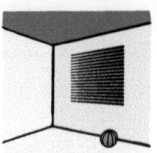

Strop

techo

Klet

sótano

Savna

sauna

Balkon

balcón

Terasa

terraza

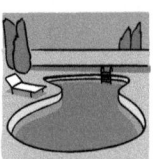

Bazen

piscina

Kosilnica

cortacésped

Rjuha

sábana

Posteljno pregrinjalo

colcha

Postelja

cama

Metla

escoba

Vedro

balde

Stikalo

interruptor

Dnevna soba

sala

Tapeta
papel pintado
Slika
imagen
Svetilka
lámpara
Polica
estante
Omara
armario
Televizor
televisión
Kamin
chimenea
Cvetlica
flor
Blazina
cojín
Zofa
sofá
Vaza
jarrón
Daljinski upravljalnik
mando a distancia

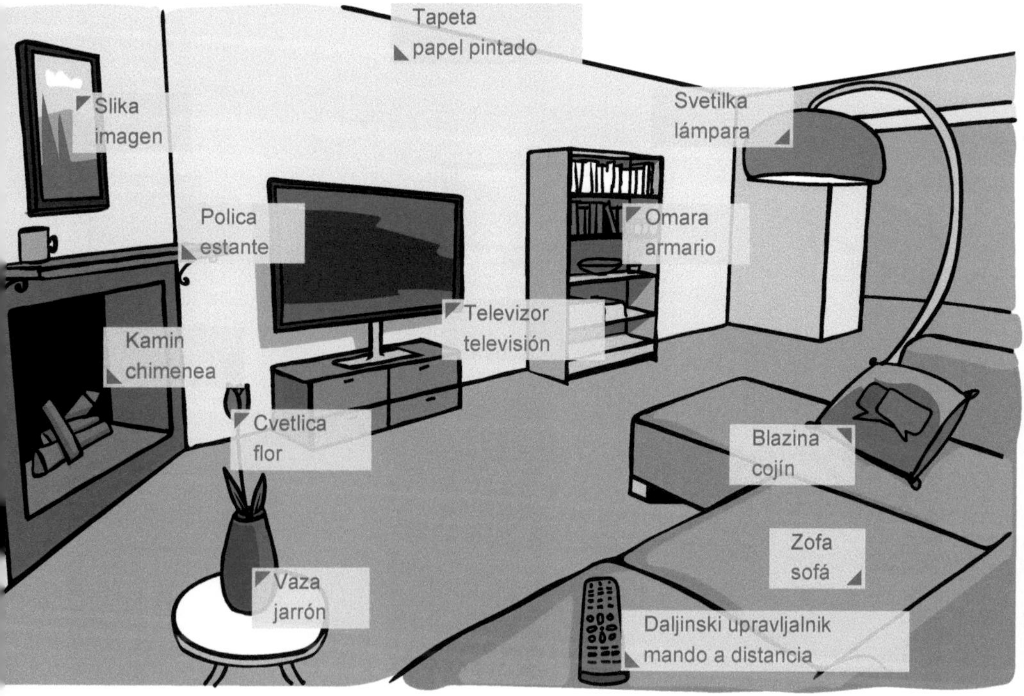

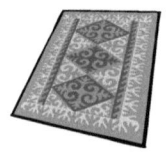

Preproga

alfombra

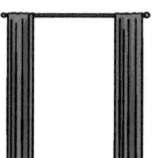

Zavesa

cortina

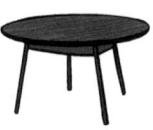

Miza

mesa

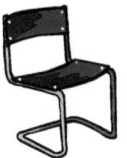

Stol

silla

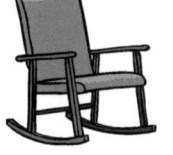

Gugalnik

mecedora

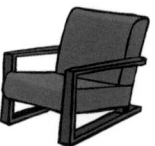

Naslanjač

butaca

Knjiga

libro

Odeja

manta

Dekoracija

decoración

Drva

leña

Film

película

Glasbeni stolp

equipo de música

Ključ

llave

Časopis

periódico

Slika

pintura

Plakat

póster

Radio

radio

Beležka

cuaderno

Sesalnik

aspiradora

Kaktus

cactus

Sveča

vela

Kuhinja
cocina

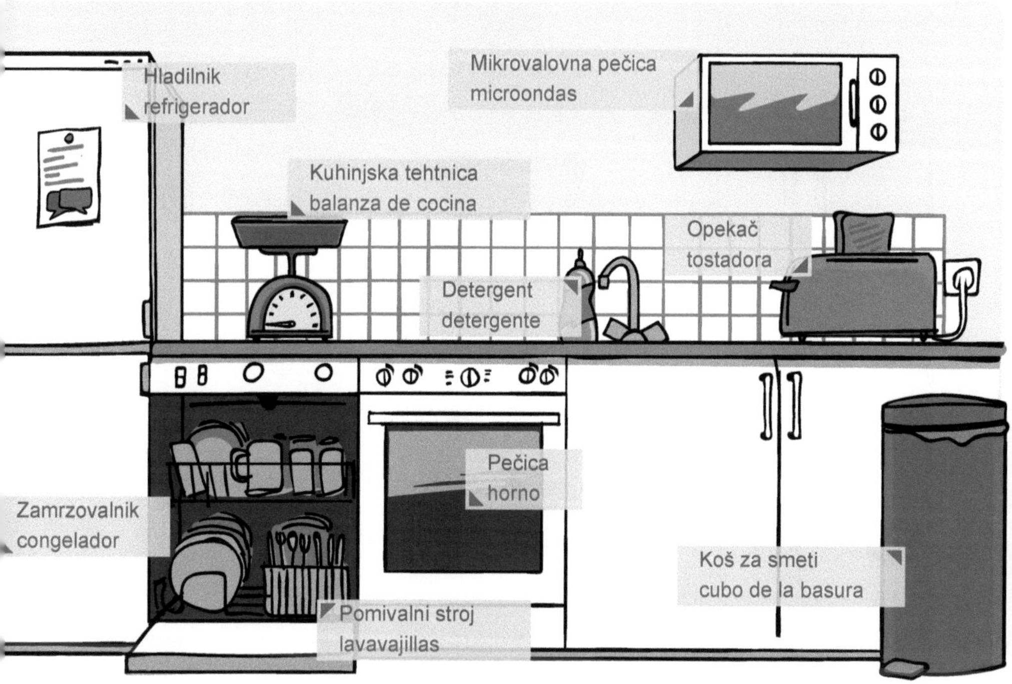
Hladilnik
refrigerador
Mikrovalovna pečica
microondas
Kuhinjska tehtnica
balanza de cocina
Opekač
tostadora
Detergent
detergente
Pečica
horno
Zamrzovalnik
congelador
Koš za smeti
cubo de la basura
Pomivalni stroj
lavavajillas

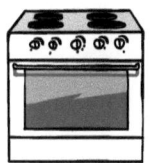

Kozica
olla a presión

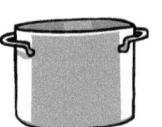

Lonec
olla

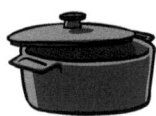

Litoželezni lonec
olla de hierro fundido

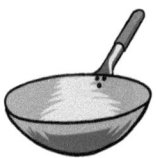

Vok / kadai
wok / karahi

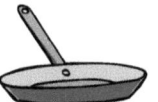

Ponev
cazuela

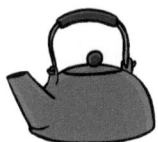

Kotliček
hervidor

Parni kuhalnik

vaporera

Pekač

chapa de horno

Posoda

vajilla

Skodelica

taza

Skleda

tazón

Jedilne paličice

palillos

Zajemalka

cucharón

Lopatica

espumadera

Metlica

batidor

Cedilnik

colador

Cedilo

cedazo

Strgalo

rallador

Možnar

mortero

Žar

barbacoa

Ognjišče

hoguera

Deska za rezanje

tabla de picar

Valjar

rodillo

Odpirač za steklenice

sacacorchos

Pločevinka

lata

Odpirač za konzerve

abrelatas

Prijemalka za posodo

agarrador

Korito

lavabo

Ščetka

cepillo

Goba

esponja

Mešalnik

batidora

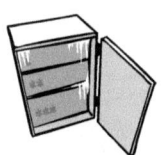

Zamrzovalna skrinja

congelador

Steklenička

biberón

Pipa

grifo

Kopalnica
cuarto de baño

Ogrevanje
calefacción
Brisača
toalla
Prha
ducha
Zavesa za prho
cortina de la ducha
Peneča kopel
baño de espuma
Kopalna kad
bañera
Kozarec
vaso
Pralni stroj
lavadora
Pipa
grifo
Ploščice
baldosas
Kahlica
orinal
Korito
lavabo

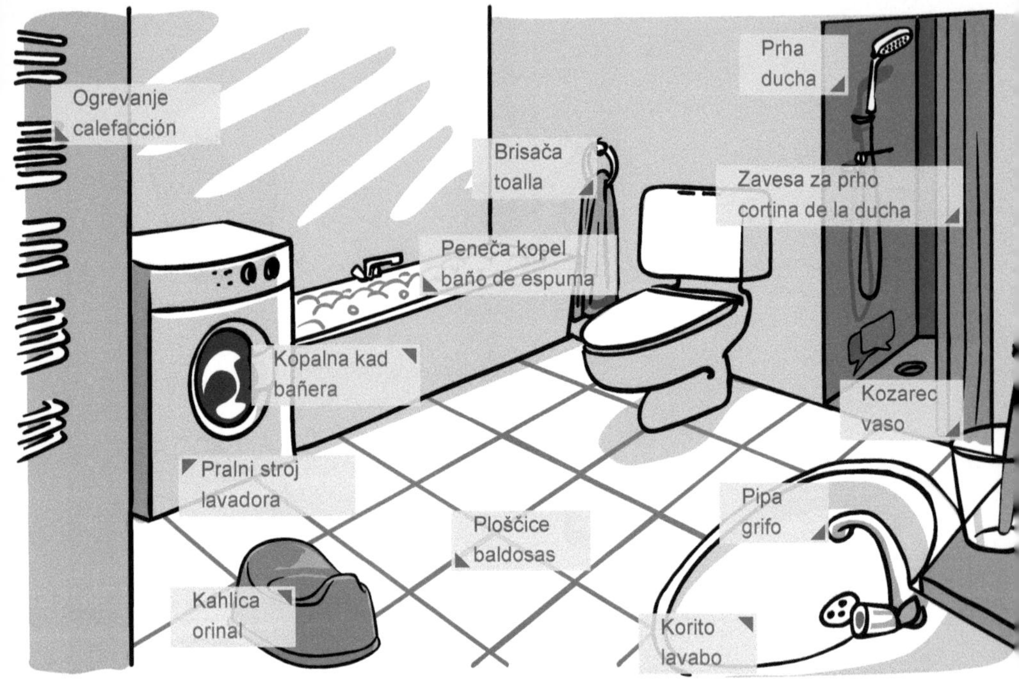

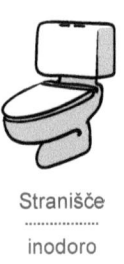

Stranišče
inodoro

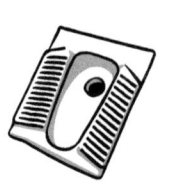

Stranišče na počep
inodoro rústico

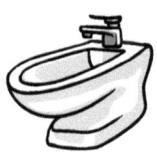

Bide
bidé

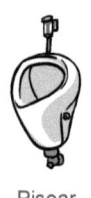

Pisoar
urinario

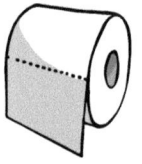

Toaletni papir
papel higiénico

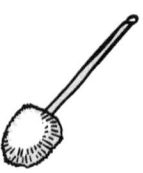

Ščetka za straniščno školjko
escobilla del váter

Zobna ščetka

cepillo de dientes

Zobna pasta

pasta de dientes

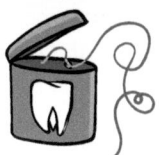

Zobna nitka

hilo dental

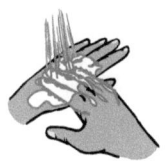

Umiti se

lavar

Ročna prha

ducha de mano

Prha za intimne dele

ducha íntima

Umivalnik

pila

Krtača za hrbet

cepillo de espalda

Milo

jabón

Gel za prhanje

gel de ducha

Šampon

champú

Krpica za miljenje

toallita

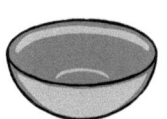

Odtok

desagüe

Krema

crema

Deodorant

desodorante

Ogledalo

espejo

Ročno ogledalo

espejo de tocador

Britvica

maquinilla de afeitar

Pena za britje

espuma de afeitar

Vodica po britju

loción postafeitado

Glavnik

peine

Ščetka

cepillo

Sušilnik za lase

secador

Lak za lase

laca

Ličila

maquillaje

Šminka

pintalabios

Lak za nohte

pintauñas

Vatirane blazinice

algodón

Škarjice za nohte

cortauñas

Parfum

perfume

Toaletna torbica

estuche de viaje

Stol brez naslonjala

banqueta

Osebna tehtnica

balanza

Kopalni plašč

albornoz

Gumijaste rokavice

guantes de goma

Tampon

tampón

Damski vložki

compresa

Kemično stranišče

inodoro químico

Otroška soba

habitación de los niños

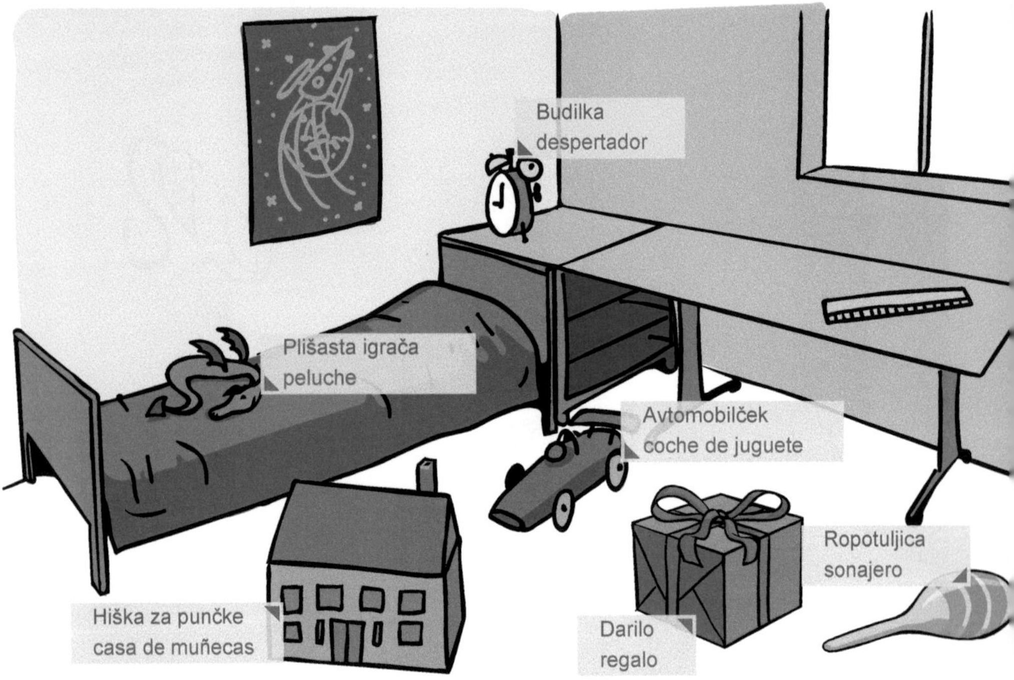

Budilka
despertador
Plišasta igrača
peluche
Avtomobilček
coche de juguete
Ropotuljica
sonajero
Hiška za punčke
casa de muñecas
Darilo
regalo

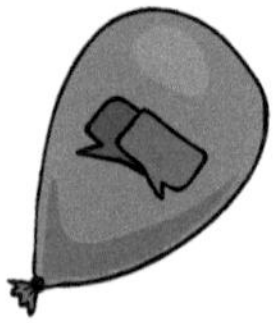

Balon
....
globo

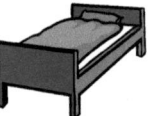

Postelja
....
cama

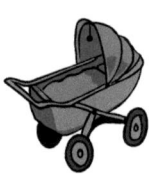

Otroški voziček
....
coche de niño

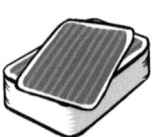

Igralne karte
....
naipes

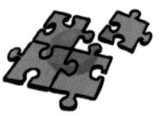

Sestavljanka
....
puzle

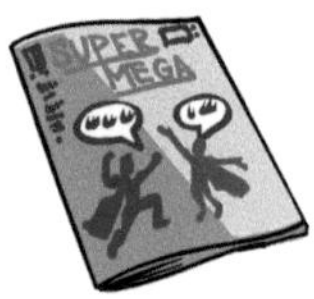

Strip
....
tebeo

Lego kocke

piezas de lego

Igralne kocke

bloques de juguete

Akcijska figura

figura de acción

Bodi

bodi (de bebé)

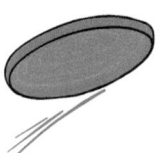

Frizbi

frisbee

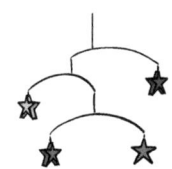

Vrtiljak za posteljico

colgador móvil para bebés

Namizna igra

juego de mesa

Kocka

dados

Komplet modelov vlakov

circuito de tren eléctrico

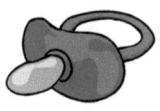

Duda

maniquí

Zabava

fiesta

Slikanica

álbum de fotos

Žoga

pelota

Lutka

muñeca

Igrati se

jugar

Peskovnik

cajón de arena

Gugalnica

columpio

Igrače

juguetes

Igralna konzola

videoconsola

Tricikel

triciclo

Plišasti medvedek

oso de peluche

Garderoba

guardarropa

Oblačilo

ropa

Nogavice

calcetines

Samostoječe nogavice

medias

Hlačne nogavice

leotardos

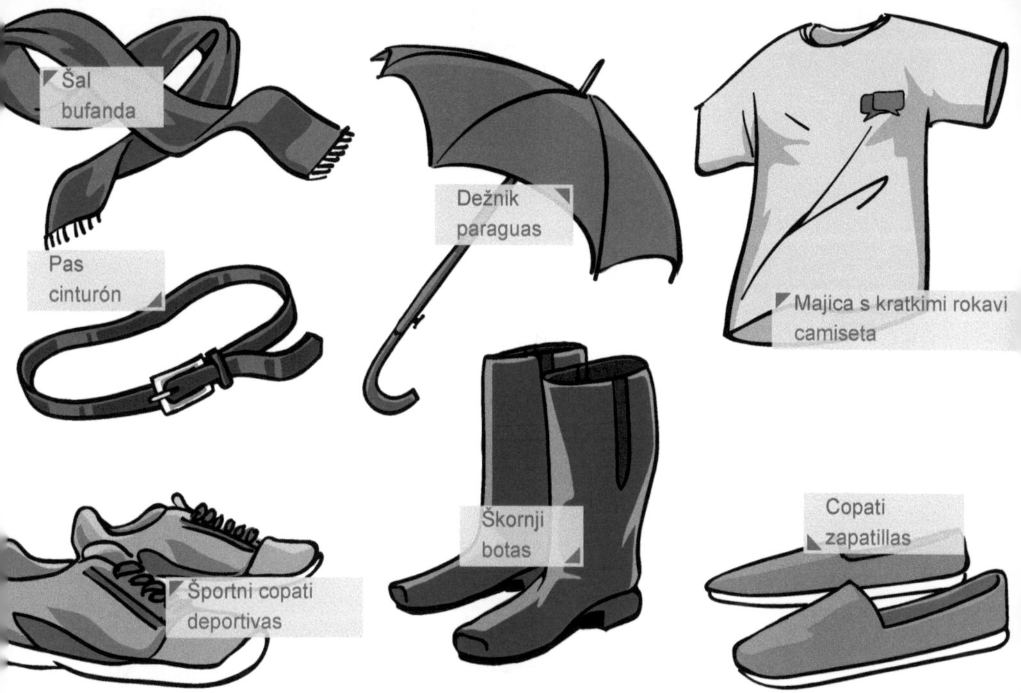

Šal
bufanda

Dežnik
paraguas

Majica s kratkimi rokavi
camiseta

Pas
cinturón

Škornji
botas

Copati
zapatillas

Športni copati
deportivas

Sandali
....
sandalias

Čevlji
....
zapatos

Gumijasti škornji
....
botas de goma

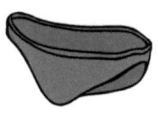
Spodnje hlače
....
slip

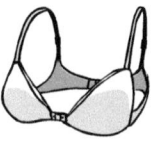
Modrček
....
sostén

Telovnik
....
chaleco

Oblačilo - ropa

Bodi

bodi

Hlače

pantalones

Kavbojke

vaqueros

Krilo

falda

Bluza

blusa

Srajca

camisa

Pulover

jersey

Pletena jopica

suéter

Jopa

blazer

Jakna

chaqueta

Plašč

abrigo

Dežni plašč

gabardina

Kostim

traje

Obleka

vestido

Poročna obleka

vestido de novia

Obleka

traje

Spalna srajca

camisón

Pižama

pijama

Sari

sari

Naglavna ruta

bandana

Turban

turbante

Burka

burka

Kaftan

caftán

Abaja

abaya

Kopalke

traje de baño

Kopalne hlače

bañador

Kratke hlače

pantalones cortos

Trenirka

chándal

Predpasnik

delantal

Rokavice

guantes

Gumb

botón

Očala

gafas

Zapestnica

brazalete

Verižica

collar

Prstan

anillo

Uhan

pendiente

Kapa

gorra

Obešalnik

percha

Klobuk

sombrero

Kravata

corbata

Zadrga

cremallera

Čelada

casco

Naramnice

tirantes

Šolska uniforma

uniforme escolar

Uniforma

uniforme

Slinček

babero

Duda

maniquí

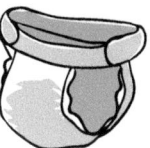

Plenica

pañal

Pisarna
oficina

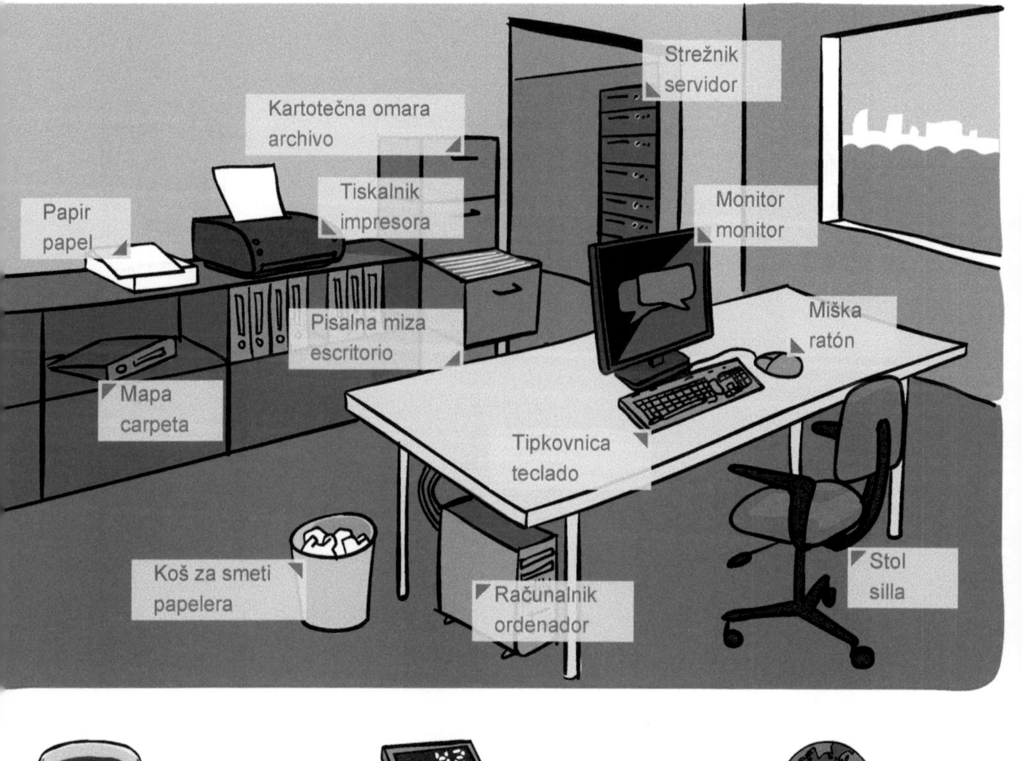

Strežnik
servidor

Kartotečna omara
archivo

Tiskalnik
impresora

Monitor
monitor

Papir
papel

Pisalna miza
escritorio

Miška
ratón

Mapa
carpeta

Tipkovnica
teclado

Koš za smeti
papelera

Stol
silla

Računalnik
ordenador

Lonček za kavo

taza de café

Kalkulator

calculadora

Internet

internet

Prenosnik

portátil

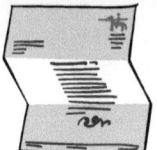

Pismo

carta

Sporočilo

mensaje

Mobilnik

móvil

Omrežje

red

Kopirni stroj

fotocopiadora

Programska oprema

software

Telefon

teléfono

Vtičnica

toma de corriente

Telefaks

fax

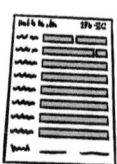

Obrazec

formulario

Dokument

documento

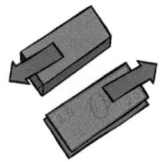

Kupiti
....
comprar

Plačati
....
pagar

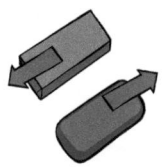

Trgovati
....
comerciar

Denar
....
dinero

 **USD**

Dolar
....
dólar

 **EUR**

Evro
....
euro

 **JPY**

Jen
....
yen

 **RUB**

Rubelj
....
rublo

 **CHF**

Švicarski frank
....
franco suizo

 **CNY**

Kitajski juan renminbi
....
renminbi yuan

 **INR**

Rupija
....
rupia

Bankomat
....
cajero automático

Menjalnica

oficina de cambio de divisas

Zlato

oro

Srebro

plata

Nafta

petróleo

Energija

energía

Cena

precio

Pogodba

contrato

Davek

impuesto

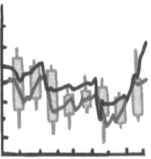

Delnice

acción

Delati

trabajar

Delojemalec

empleado

Delodajalec

empleador

Tovarna

fábrica

Trgovina

tienda

Poklici
oficios

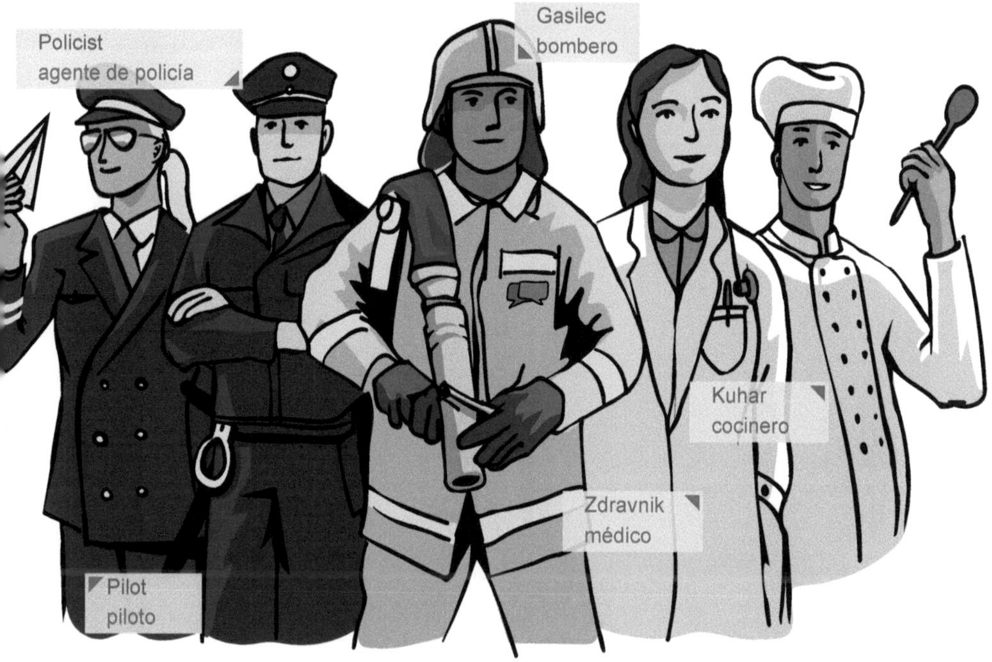

Policist
agente de policía
Gasilec
bombero
Kuhar
cocinero
Zdravnik
médico
Pilot
piloto

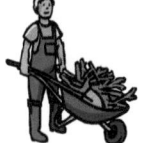

Vrtnar

jardinero

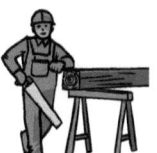

Mizar

carpintero

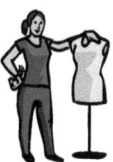

Šivilja

costurera

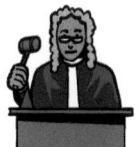

Sodnik

juez

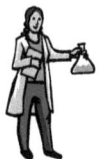

Kemik

farmacéutico

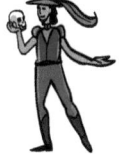

Igralec

actor

Voznik avtobusa

conductor de autobús

Taksist

taxista

Ribič

pescador

Čistilka

señora de la limpieza

Krovec

techador

Natakar

camarero

Lovec

cazador

Pleskar

pintor

Pek

panadero

Električar

electricista

Gradbenik

obrero

Inženir

ingeniero

Mesar

carnicero

Vodovodni inštalater

fontanero

Poštar

cartero

Vojak

soldado

Arhitekt

arquitecto

Blagajnik

cajero

Cvetličar

florista

Frizer

peluquero

Sprevodnik

revisor

Mehanik

mecánico

Kapitan

capitán

Zobozdravnik

dentista

Znanstvenik

científico

Rabin

rabino

Imam

imán

Menih

monje

Duhovnik

sacerdote

Orodje
herramientas

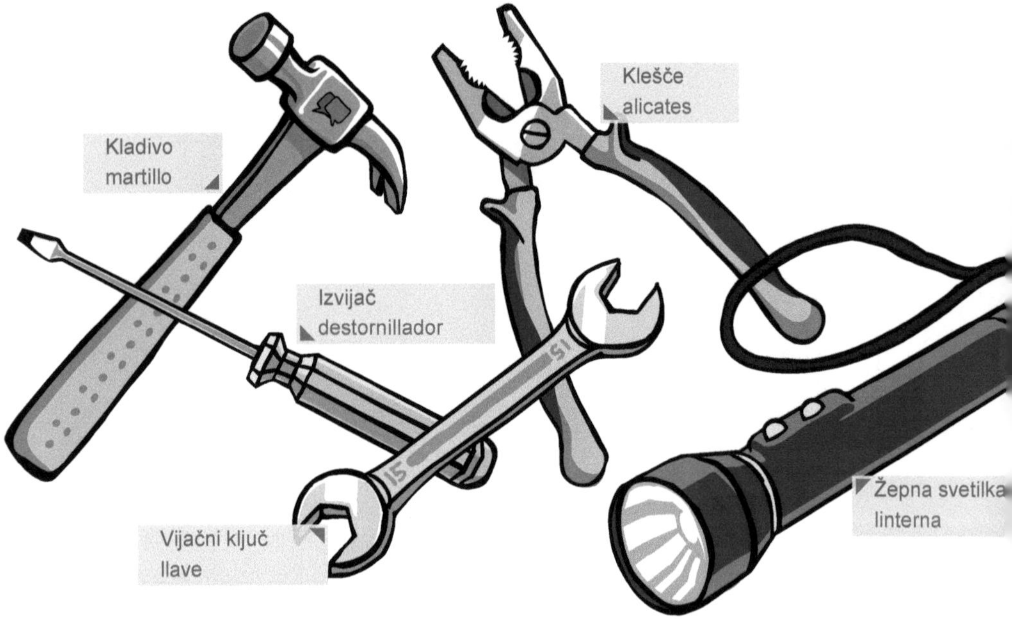
Kladivo
martillo
Klešče
alicates
Izvijač
destornillador
Vijačni ključ
llave
Žepna svetilka
linterna

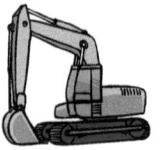

Bager

excavadora

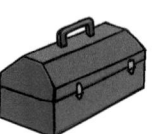

Zaboj z orodjem

caja de herramientas

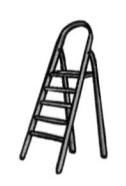

Lestev

escalera de mano

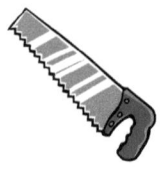

Žaga

sierra

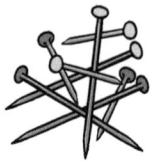

Žeblji

clavos

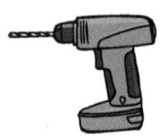

Vrtalnik

taladro

Popraviti

reparar

Lopata

pala

Šment!

¡Maldita sea!

Smetišnica

recogedor

Posoda z barvo

bote de pintura

Vijaki

tornillos

Glasbeni instrument

instrumentos musicales

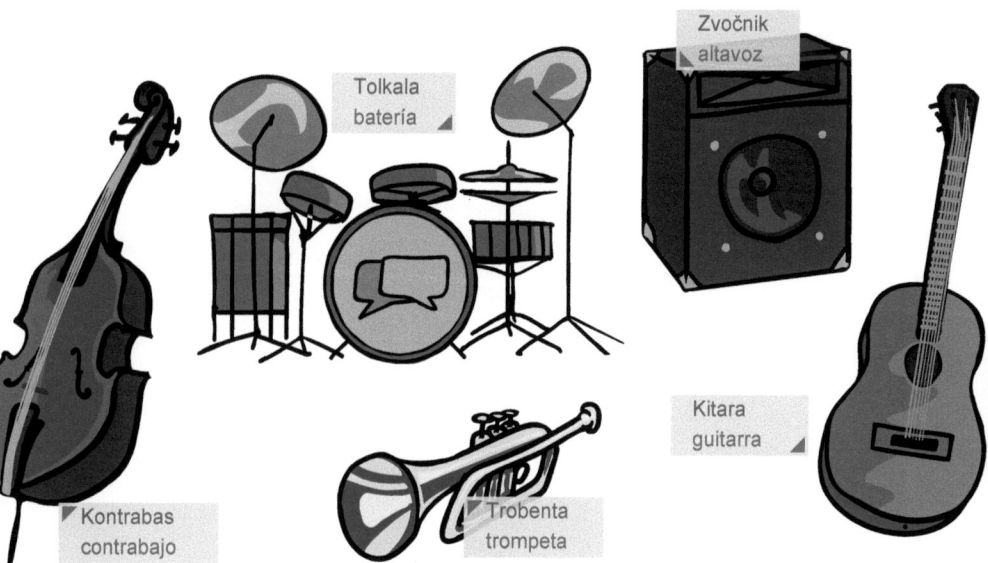

Zvočnik
altavoz

Tolkala
batería

Kontrabas
contrabajo

Trobenta
trompeta

Kitara
guitarra

Klavir

piano

Violina

violín

Bas kitara

bajo

Pavke

timbales

Bobni

tambor

Sintetizator

teclado

Saksofon

saxofón

Flavta

flauta

Mikrofon

micrófono

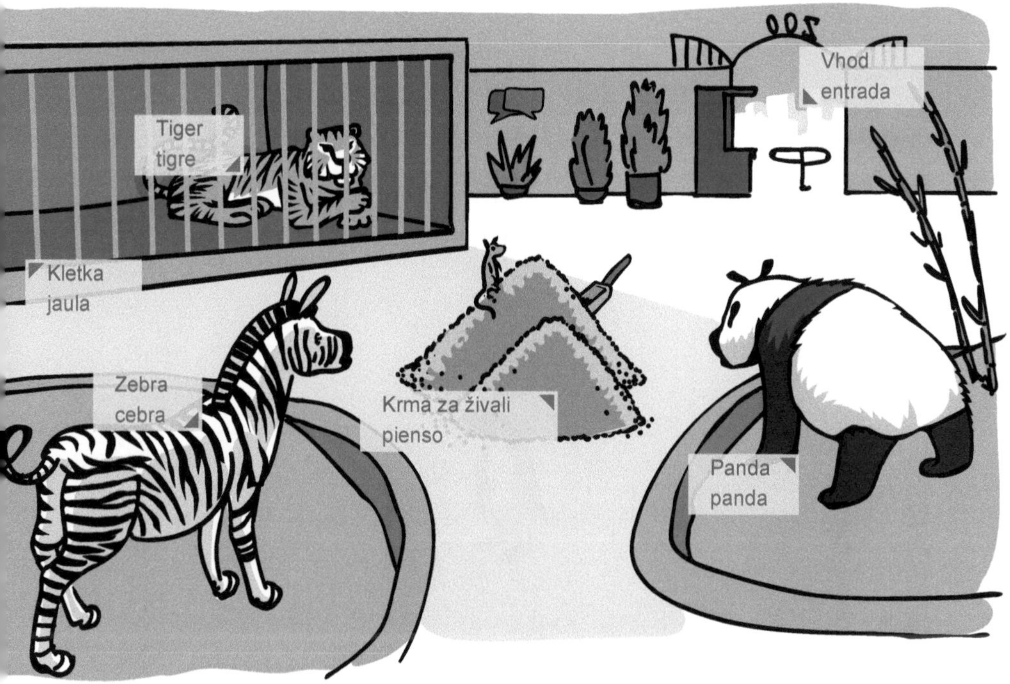

Vhod
entrada

Tiger
tigre

Kletka
jaula

Zebra
cebra

Krma za živali
pienso

Panda
panda

Živali

animales

Slon

elefante

Kenguru

canguro

Nosorog

rinoceronte

Gorila

gorila

Medved

oso

Kamela

camello

Noj

avestruz

Lev

león

Opica

mono

Plamenec

flamingo

Papagaj

loro

Severni medved

oso polar

Pingvin

pingüino

Morski pes

tiburón

Pav

pavo real

Kača

serpiente

Krokodil

cocodrilo

Oskrbnik v živalskem vrtu

guardián de zoológico

Tjulenj

foca

Jaguar

jaguar

Poni

poni

Leopard

leopardo

Povodni konj

hipopótamo

Žirafa

jirafa

Orel

águila

Divji prašič

jabalí

Riba

pescado

Želva

tortuga

Mrož

morsa

Lisica

zorro

Gazela

gacela

Ameriški nogomet
fútbol americano

Kolesarjenje
ciclismo

Tenis
tenis

Košarka
baloncesto

Plavanje
natación

Boks
boxeo

Hokej
hockey sobre hielo

Nogomet
fútbol

Badminton
bádminton

Atletika
atletismo

Rokomet
balonmano

Smučanje
esquí

Polo
polo

Dejavnosti
actividades

Smejati se
reír
Skočiti
saltar
Objeti
abrazar
Hoditi
caminar
Peti
cantar
Sanjati
soñar
Moliti
rezar
Poljubiti
besar

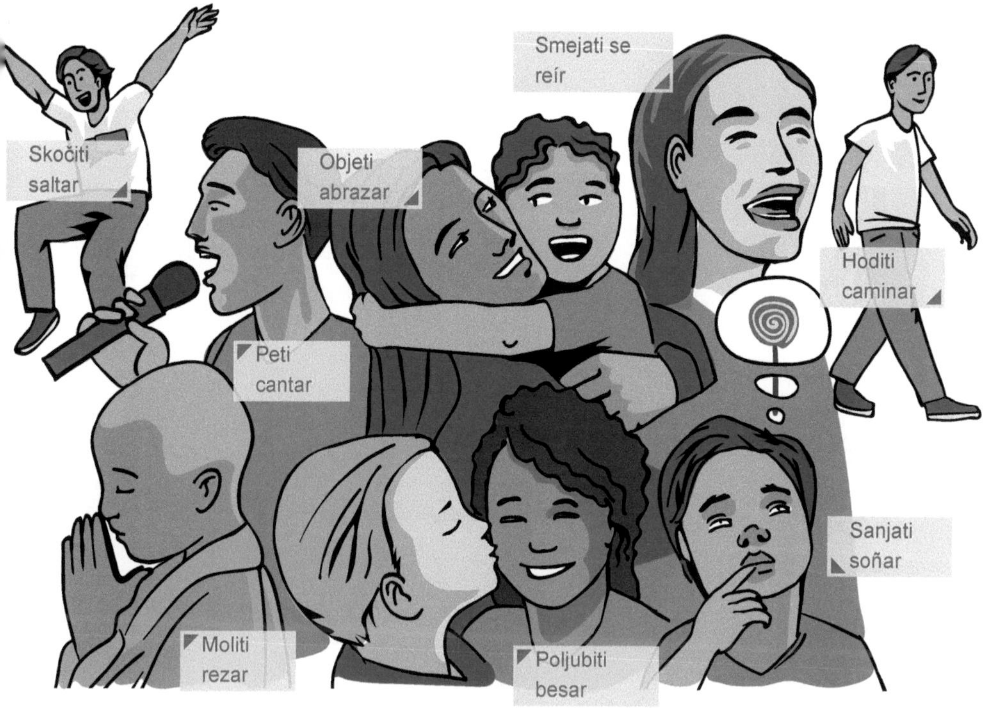

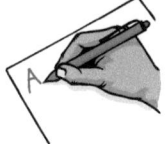

Pisati

escribir

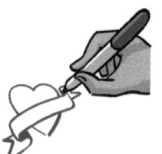

Risati

dibujar

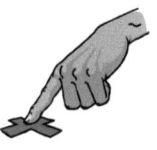

Pokazati

mostrar

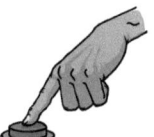

Potisniti

empujar

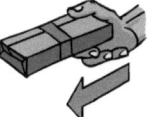

Dati

dar

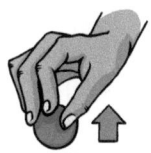

Vzeti

tomar

Imeti

tener

Narediti

hacer

Biti

ser

Stati

estar de pie

Teči

correr

Vleči

tirar

Vreči

tirar

Pasti

caer

Ležati

yacer

Čakati

esperar

Nositi

llevar

Sedeti

estar sentado

Obleči se

vestirse

Spati

dormir

Zbuditi se

despertar

Gledati

mirar

Jokati

llorar

Božati

acariciar

Česati se

peinar

Govoriti

hablar

Razumeti

entender

Vprašati

preguntar

Poslušati

escuchar

Piti

beber

Jesti

comer

Pospraviti

ordenar

Ljubiti

amar

Kuhati

cocinar

Voziti

conducir

Leteti

volar

Jadrati

navegar

Računanje

calcular

Brati

leer

Učiti se

aprender

Delati

trabajar

Poročiti se

casarse

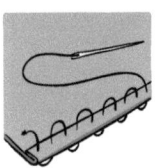

Šivati

coser

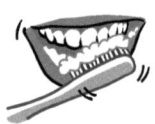

Ščetkati si zobe

cepillarse los dientes

Ubiti

matar

Kaditi

fumar

Poslati

enviar

Stara mati
abuela

Stari oče
abuelo

Oče
padre

Mati
madre

Dojenček
bebé

Hči
hija

Sin
hijo

Gost

invitado

Teta

tía

Stric

tío

Brat

hermano

Sestra

hermana

Telo

cuerpo

Čelo
frente
Oko
ojo
Rama
hombro
Prst
dedo
Obraz
cara
Brada
barbilla
Dlan
mano
Prsi
pecho
Noga
pierna
Roka
brazo

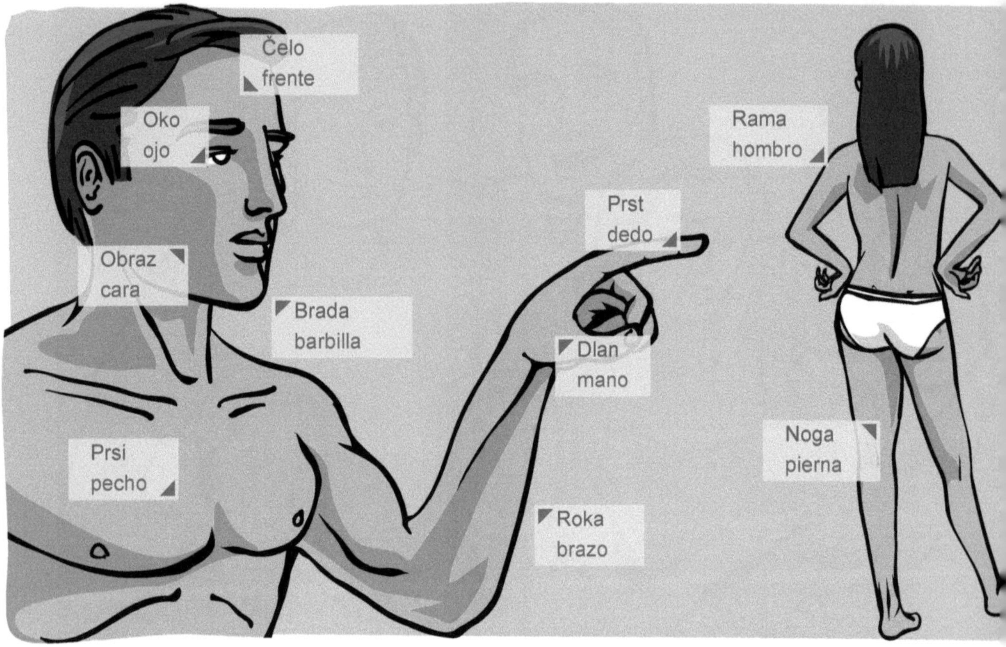

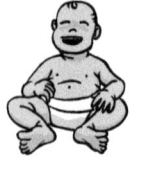

Dojenček

bebé

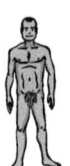

Človek

hombre

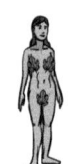

Ženska

mujer

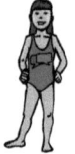

Dekle

chica

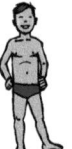

Fant

chico

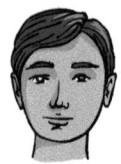

Glava

cabeza

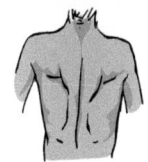

Hrbet

espalda

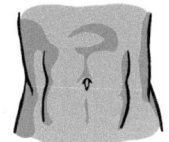

Trebuh

vientre

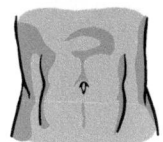

Popek

ombligo

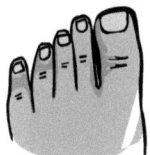

Prst na nogi

dedo del pie

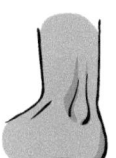

Peta

talón

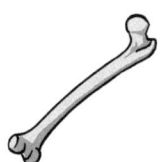

Kost

hueso

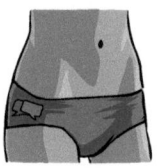

Kolk

cadera

Koleno

rodilla

Komolec

codo

Nos

nariz

Zadnjica

trasero

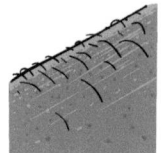

Koža

piel

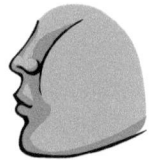

Lice

mejilla

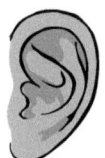

Uho

oído

Ustnica

labio

Telo - cuerpo

Usta

boca

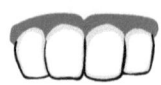

Zob

diente

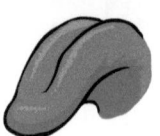

Jezik

lengua

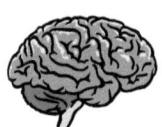

Možgani

cerebro

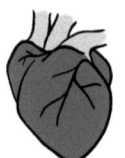

Srce

corazón

Mišica

músculo

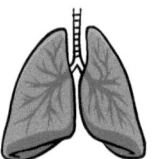

Pljuča

pulmón

Jetra

hígado

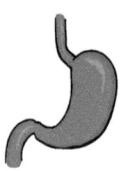

Želodec

estómago

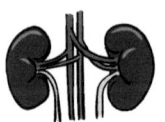

Ledvice

riñones

Spolni odnos

sexo

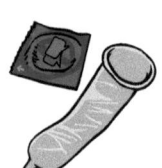

Kondom

condón

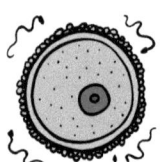

Jajčece

ovario

Semenska tekočina

semen

Nosečnost

embarazo

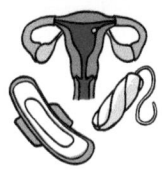

Menstruacija

menstruación

Vagina

vagina

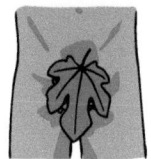

Penis

pene

Obrv

ceja

Lasje

pelo

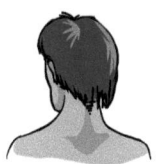

Vrat

cuello

Bolnišnica

hospital

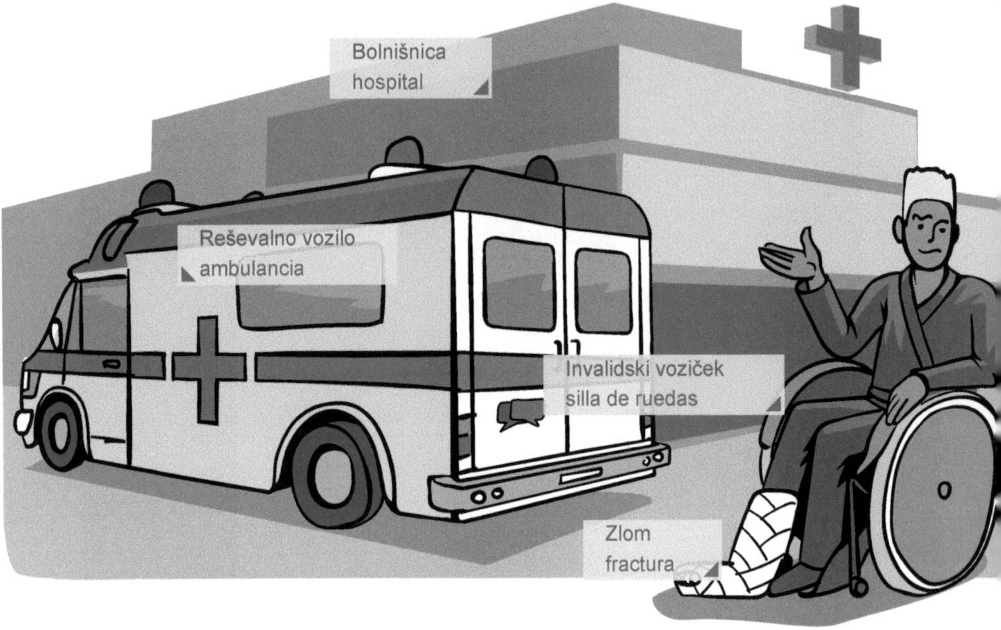

Bolnišnica
hospital
Reševalno vozilo
ambulancia
Invalidski voziček
silla de ruedas
Zlom
fractura

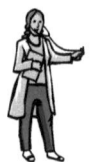

Zdravnik

médico

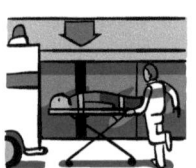

Urgenca

sala de urgencias

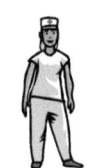

Medicinska sestra

enfermera

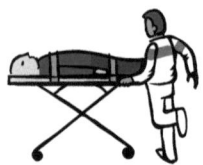

Nujni primer

urgencia

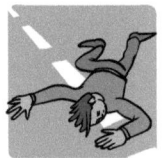

Nezavesten

inconsciente

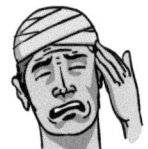

Bolečina

dolor

Poškodba

lesión

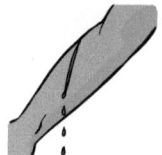

Krvavenje

hemorragia

Srčni infarkt

infarto

Kap

ictus

Alergija

alergia

Kašelj

tos

Vročina

fiebre

Gripa

gripe

Driska

diarrea

Glavobol

dolor de cabeza

Rak

cáncer

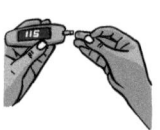

Sladkorna bolezen

diabetes

Kirurg

cirujano

Skalpel

bisturí

Operacija

operación

CT
TAC

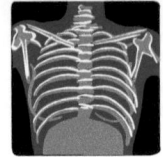

Rentgen
rayos x

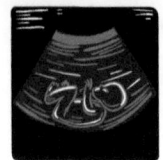

Ultrazvok
ultrasonido

Obrazna maska
mascarilla

Bolezen
enfermedad

Čakalnica
sala de espera

Bergla
muleta

Obliž
tirita

Preveza
venda

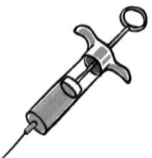

Injekcija
inyección

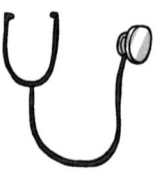

Stetoskop
estetoscopio

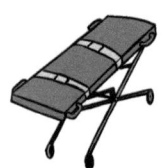

Nosila
camilla

Klinični termometer
termómetro

Porod
nacimiento

Prekomerna teža
sobrepeso

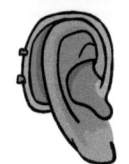

Slušni pripomoček

audífono

Razkužilo

desinfectante

Okužba

infección

Virus

virus

HIV / AIDS

VIH / SIDA

Medicina

medicina

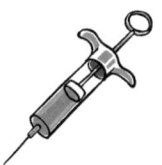

Cepljenje

vacunación

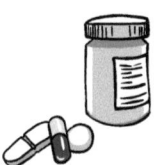

Tablete

tabletas

Tableta

pastilla

Klic v sili

llamada de urgencia

Merilnik krvnega tlaka

tensiómetro

bolano / zdravo

enfermo / sano

Na pomoč!

¡Socorro!

Alarm

alarma

Napad

asalto

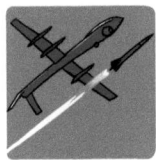

Napad

ataque

Nevarnost

peligro

Izhod v sili

salida de emergencia

Gori!

¡Fuego!

Gasilni aparat

extintor de incendios

Nezgoda

accidente

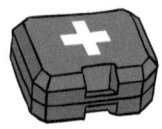

Komplet za prvo pomoč

botiquín de primeros auxilios

SOS

SOS

Policija

policía

Evropa

Europa

Severna Amerika

Norteamérica

Južna Amerika

Sudamérica

Afrika

África

Azija

Asia

Avstralija

Australia

Atlantski ocean

Atlántico

Tihi ocean

Pacífico

Indijski ocean

Océano Índico

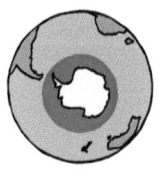

Južni ocean

Océano Antártico

Arktični ocean

Océano Ártico

Severni tečaj

polo norte

Južni tečaj

polo sur

Antarktika

Antártida

Zemlja

tierra

Kopno

tierra

Morje

mar

Otok

isla

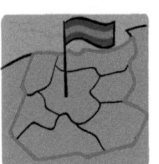

Narod

nación

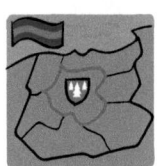

Država

estado

Številičnica

esfera

Urni kazalec

manecilla de las horas

Minutni kazalec

minutero

Sekundni kazalec

segundero

Koliko je ura?

¿Qué hora es?

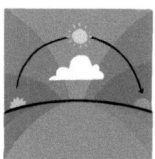

Dan

día

Čas

tiempo

Zdaj

ahora

Digitalna ura

reloj digital

Minuta

minuto

Ura

hora

Teden
semana

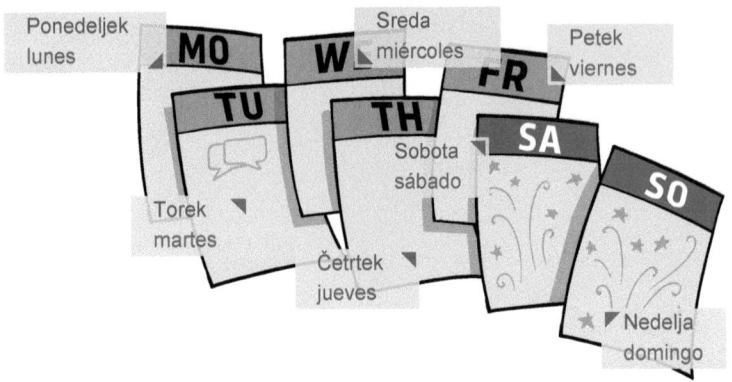

Ponedeljek
lunes

Torek
martes

Sreda
miércoles

Četrtek
jueves

Petek
viernes

Sobota
sábado

Nedelja
domingo

Včeraj

ayer

Danes

hoy

Jutri

mañana

Jutro

mañana

Poldne

mediodía

Večer

tarde

Delovni dnevi

días laborables

Konec tedna

fin de semana

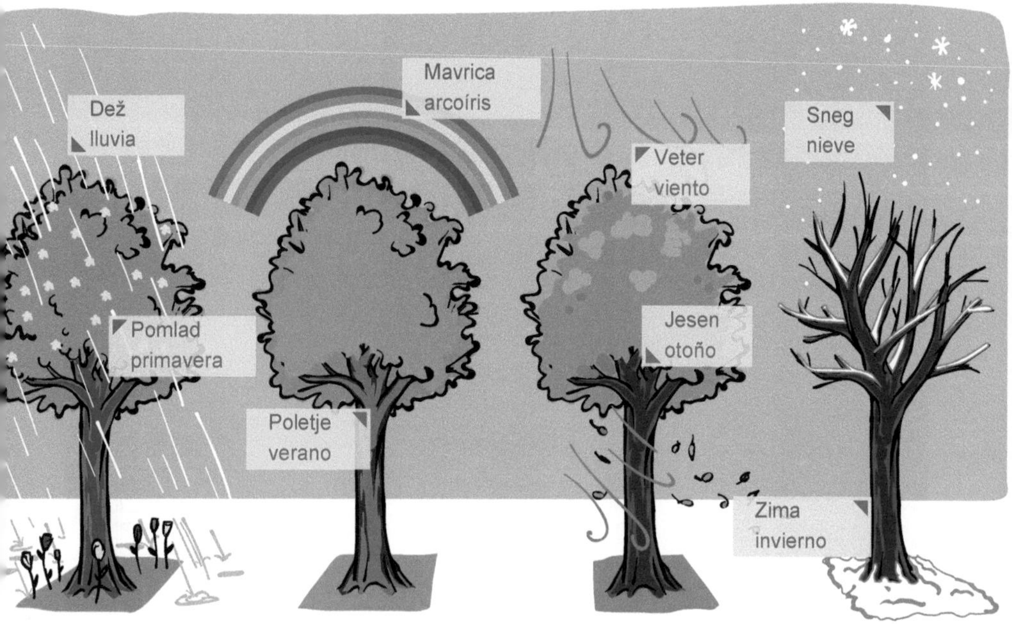

Dež
lluvia
Mavrica
arcoíris
Sneg
nieve
Veter
viento
Pomlad
primavera
Jesen
otoño
Poletje
verano
Zima
invierno

4.APRIL 11°
5.APRIL 4°
6.APRIL 13°
7.APRIL 8°
8.APRIL 10°

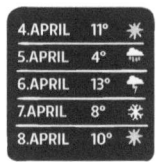

Vremenska napoved

pronóstico del tiempo

F C
120 40
90 30
60 20
30 10
0 0
-30 -10
-20

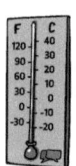

Termometer

termómetro

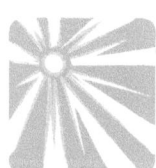

Sončna svetloba

sol

Oblak

nube

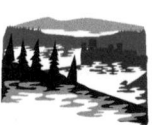

Megla

niebla

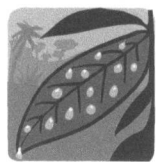

Vlažnost

humedad

Strela

rayo

Grom

trueno

Nevihta

tormenta

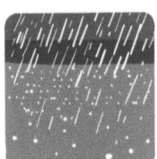

Toča

granizo

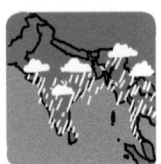

Monsun

monzón

Poplava

inundación

Led

hielo

Januar

enero

Februar

febrero

Marec

marzo

April

abril

Maj

mayo

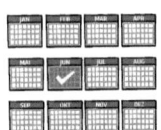

Junij

junio

Julij

julio

Avgust

agosto

September
....
septiembre

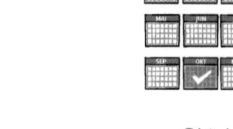

Oktober
....
octubre

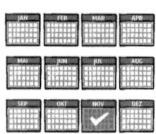

November
....
noviembre

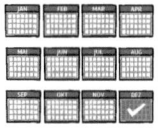

December
....
diciembre

Oblike
formas

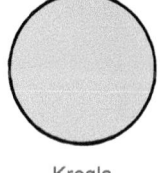

Krogla
....
círculo

Kvadrat
....
cuadrado

Pravokotnik
....
rectángulo

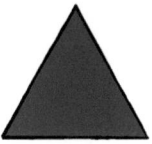

Trikotnik
....
triángulo

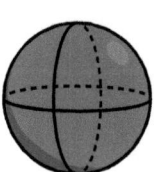

Krogla
....
esfera

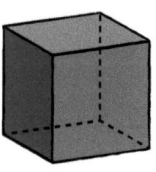

Kocka
....
cubo

colores

Bela

blanco

Rumena

amarillo

Oranžna

anaranjado

Rožnata

rosa

Rdeča

rojo

Vijolična

morado

Modra

azul

Zelena

verde

Rjava

marrón

Siva

gris

Črna

negro

veliko / malo

mucho / poco

jezno / umirjeno

enojado / tranquilo

lepo / grdo

bonito / feo

začetek / konec

principio / fin

veliko / majhno

grande / pequeño

svetlo / temno

claro / oscuro

brat / sestra

hermano / hermana

čisto / umazano

limpio / sucio

popolno / nepopolno

completo / incompleto

dan / noč

día / noche

mrtvo / živo

muerto / vivo

široko / ozko

ancho / estrecho

užitno / neužitno

comestible / no comestible

zlobno / prijazno

malo / amable

vznemirjeno / zdolgočaseno

entusiasmado / aburrido

debelo / vitko

gordo / delgado

prvo / zadnje

primero / último

prijatelj / sovražnik

amigo / enemigo

polno / prazno

lleno / vacío

trdo / mehko

duro / blando

težko / lahko

pesado / ligero

lakota / žeja

hambre / sed

bolano / zdravo

enfermo / sano

nezakonito / zakonito

ilegal / legal

pametno / neumno

inteligente / tonto

levo / desno

izquierda / derecha

blizu / daleč

cerca / lejos

novo / rabljeno

nuevo / usado

nič / nekaj

nada / algo

staro / mlado

viejo / joven

vklopljeno / izklopljeno

encendido / apagado

odprto / zaprto

abierto / cerrado

tiho / glasno

silencioso / ruidoso

bogato / revno

rico / pobre

prav / narobe

correcto / incorrecto

grobo / gladko

áspero / suave

žalostno / veselo

triste / contento

kratko / dolgo

corto / largo

počasi / hitro

lento / rápido

mokro / suho

húmedo / seco

toplo / hladno

cálido / frío

vojna / mir

guerra / paz

0	**1**	**2**
Nična	Ena	Dva
cero	uno	dos

3	**4**	**5**
Tri	Štiri	Pet
tres	cuatro	cinco

6	**7**	**8**
Šest	Sedem	Osem
seis	siete	ocho

9	**10**	**11**
Devet	Deset	Enajst
nueve	diez	once

12

Dvanajst

doce

13

Trinajst

trece

14

Štirinajst

catorce

15

Petnajst

quince

16

Šestnajst

dieciséis

17

Sedemnajst

diecisiete

18

Osemnajst

dieciocho

19

Devetnajst

diecinueve

20

Dvajset

veinte

100

Sto

cien

1.000

Tisoč

mil

1.000.000

Milijon

millón

Angleščina

inglés

Ameriška angleščina

inglés americano

Mandarinščina

chino mandarín

Hindujščina

hindi

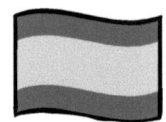

Španščina

español

Francoščina

francés

Arabščina

árabe

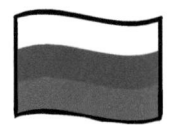

Ruščina

ruso

Portugalščina

portugués

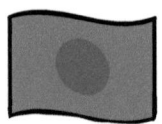

Bengalščina

bengalí

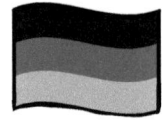

Nemščina

alemán

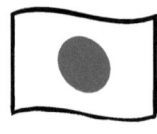

Japonščina

japonés

Jaz

yo

Ti

tú

On / ona / tisto

él / ella / ello

Mi

nosotros/as

Vi

vosotros/as

Oni

ellos/as

Kdo?

¿quién?

Kaj?

¿qué?

Kako?

¿cómo?

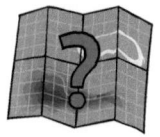

Kje?

¿dónde?

Kdaj?

¿cuándo?

Ime

nombre

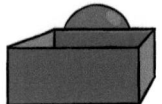

Zadaj

detrás

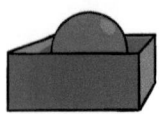

V

en

Pred

delante de

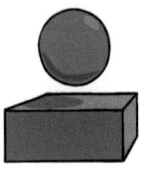

Nad

por encima de

Na

sobre

Pod

debajo de

Poleg

junto a

Med

entre

Kraj

lugar